Georg von Langsdo

Kurze Anleitung zur Erlernung d

Sarastro Verlag

Georg von Langsdorff

Kurze Anleitung zur Erlernung der Psychometrie

1. Auflage 2012 | ISBN: 978-3-86471-136-7

Erscheinungsort: Paderborn, Deutschland

Nachdruck des Originals von 1898.

Georg von Langsdorff

Kurze Anleitung zur Erlernung der Psychometrie

Sarastro Verlag

Kurze Anleitung

zur

Erlernung der Psychometrie

oder

Entwickelung des in uns noch unerforschten sechsten Sinnes.

Von

Dr. Georg von Langsdorff.

Motto:

Wär' nicht das Auge sonnenhaft,
Die Sonne könnt' es nie erblicken;
Läg' nicht in uns des Gottes eig'ne Kraft,
Wie könnt' uns Göttliches entrücken!

Göthe.

Preis 60 Pfennige.

———————————

Leipzig,

Druck und Verlag von Oswald Mutze.

Vorwort.

Aus vorliegendem Schriftchen wird man ersehen, wie wichtig die Psychometrie für bessere Erforschung der Geologie, der Astronomie, der Anatomie und Physiologie und selbst der Geschichte sein muß; ferner wie man die Psychometrie in sich entwickeln kann; welche Winke wir in uns für Erlernung dieses neuen wissenschaftlichen Zweiges finden; welcher Unterschied zwischen Psychometrie und Mediumität besteht und wie wir uns gegenseitig durch Lavater's Lehre der Physiognomik und anderer körperlicher Aeußerlichkeiten erkennen können.

Man mag über den wissenschaftlichen Zweig der Psychometrie denken, wie man will, so ist doch so viel sicher, daß ein entwickelter Psychometrist viel eher seinem Gefühle vertrauen kann, als ein selbst gut inspiriertes Medium. Das Gefühl, das ihm ein in der Hand haltender Gegenstand verursacht, wird einem mit guter Beobachtung begabten Psychometristen niemals täuschen. Das Gefühl bildet stets die Basis unserer Gedanken. Schmerz = Gefühle entstehen durch Schmerz = Gedanken Zorngefühle beim Anschauen oder auch verdeckt in der Hand haltenden Photographie ist ein sicherer Beweis, daß das die Eigenheit und Charakterzug des betreffenden Bildes anzeigt. Sympathisches Gefühl beim zufälligen

Begegnen einer Dame oder eines Herrn, beweist harmonische Gedanken. Viele wissen sich keinen Grund anzugeben, warum ihnen gewisse Personen bei jedesmaligem Begegnen immer dieselben Gedanken erregen. Derartige sensitive Naturen könnten sich nach nur wenigen praktischen Stunden für Psychometrie, den Grund solcher Gedanken erklären. Vollkommenheit kann aber nur durch stete Praxis erlangt werden.

Mancher wird darüber lächeln, mancher den Kopf schütteln. Viele aber werden auch zum Denken und Experimentieren angeregt werden und sich sagen: Ja, es liegt noch gar manches in der Natur verborgen, was unser noch brach liegender sechster Sinn zu entdecken berufen ist.

Dies Schriftchen hat den Zweck, alle Leser zu Psychometristen zu machen. Und wenn es die Menschen erst gelernt haben werden, ihre Gefühle genauer zu beobachten, dann wird das viel mehr auf die Besserung der Menschheit wirken, als irgendwelches andere Mittel der Erziehung.

In der Hoffnung, daß alle Leser aus dieser Lektüre einen Nutzen ziehen werden, glaube ich damit einen praktischen Erfolg zu erzielen.

Freiburg i. B., im Februar 1898.

Der Verfasser.

Inhalt.

Vorwort und Inhalt . . . . V—VII

1. Was versteht man unter Psychometrie . . 9—18

2. Wie soll man die Psychometrie entwickeln . 19—24

3. Eindrücke durch Geister Verstorbener . . 24—26

4. Unbewußte Eindrücke 26

5. Ahnungsgefühle . . . . 26—28

6. Regeln für Charakterlesen . . . . . . 28—33

7. Unterschied zwischen Psychometrie und Mediumität . . . . 33—35

8. Lavater's Physiognomik . . . . 35—36

9. Stirn-Runzeln (Metoposkopie) . . . . . 36—40

Anzeigen . . . . 41—48

Die Psychometrie ist eine der nützlichsten wissenschaft=
lichen Zweige unseres zu Ende gehenden Jahrhunderts. Und
die Professoren B u c h a n a n und D e n t o n, welche als
Entdecker eines im Menschen noch brach liegenden f e c h s t e n
Sinnes anzusehen sind, werden noch lange nicht gebührend
dafür gepriesen.

Auch würde ich, wenn ich irgend jemanden um eine
angeborene Gabe beneiden würde, den Psychometristen nennen
denn ein solcher müßte kein „okkulter" Leser geistig haftender
Eigenschaften, sondern ein

Moderner Seher

genannt werden, der durch Berührung irgend welchen Gegen=
standes oder Andrücken desselben an die Stirne, einen ge=
nauen Eindruck von der Geschichte des betreffenden Artikels
erhält. So z. B. erzählt Rob. Browning von einem
Psychometristen, der bei Berührung eines von ihm (Browning)
im Besitz gehabten Fingerringes, stets ausrief: „Ich sehe
einen Mörder, wenn ich diesen Edelstein berühre." Den
Ring hatte der Dichter Browning von einem Verwandten
geerbt, der vielfach Mord begangen hatte.

Ausgebildete und geübte Psychometristen erklären, daß
ihnen jeder Gegenstand wie belebt vorkomme, und wie wenn
er seine Geschichte erzählen möchte.

Entwickelte Psychometristen sind als „seelische Seher"
zu betrachten. Sie sind imstande, aus jedem Metalle,

Mineral, Schmucksachen, geschriebenes oder gedrucktes, dessen
Vergangenheit zu lesen; ja selbst aus alten Ruinenstücken
herauszufühlen, welches Stück Weltgeschichte daran vorüber=
gegangen ist.

Als Beweis hierfür will ich nur einige Beispiele aus
einem dreibändigen Werke von Professor William Denton*)
erwähnen, das dessen Erforschungen in psychometrischer Be=
ziehung enthält. Und Denton ist der Ansicht, daß, wenn
man dazu gekommen sein wird, die Geschichte mittelst der
Psychometrie zu erforschen, dieselbe ganz anders lauten
würde.

Folgendes als Beispiel:

Denton gab seiner Schwester Anna (die er für Psycho=
metrie herangebildet hatte) ein kleines Stück von dem
Mosaikboden, das aus Cicero's Villa in Tusculum, auf
einem Hügel in der Nähe von Frascati, 5 Stunden von
Rom, am 15. Oktober 1760 nach England gebracht wurde.
Die Schwester Anna, die keine Ahnung davon hatte, was
es war, hielt den Gegenstand eine kurze Weile in der Hand
und sagte dann:

„Ich sehe einen dichten Wald. Die Bäume sind sehr
hoch. Unter denselben sehe ich ein Mastodon oder etwas
einem vorweltlichen Riesenungeheuer ähnliches. Namentlich
deutlich sehe ich den Kopf. („Wende Dich mehr der modernen
Zeit zu‘, sagte Denton.) Ich sehe nun nichts, ausgenommen
was man ein Milch=Haus nennen könnte, oder vielleicht
besser eine Felsenhöhle. In der Nähe ist eine Quelle, von
Bäumen beschattet. Nun sehe ich einen Hügel, an dem ein
alter Mann spazieren geht, der Kniehosen trägt. Mit ihm
geht ein großer Hund. In der Nähe ist ein großes Haus,
augenscheinlich ein Landhaus. Vornen am Haus ist eine
große Halle. Die Fensteröffnungen sind groß. (Beschreibe
den Mann näher). Der Mann ist nicht groß. Sein Gewand
ist dunkelblau, schwalbenschwanzartig und mit großen Bronze=

---

*) Der Titel ist: „The Soul of Things, or psycho-
metric Researches and Discoveries“ by William and
Elisabeth M. F. Denton. — Boston 1866: **Walker, Wise and
Company.**

Knöpfen besetzt. Sein Haar ist lang und gleicht einer
Perrücke oder einem Zopf. Es sind Manschetten an seinem
Hemde und er sieht sehr altertümlich aus. Er hat eine
große Nase und faßt rasch auf; besitzt großen Ortssinn und
Wohlthätigkeitssinn. Er ist nicht stolz, hat aber starkes
Selbstvertrauen. Gewissenhaftigkeit und Vorsicht sind stark
entwickelt, sowie große Kraft und Energie. Er setzt sich
unter einen Baum und eine große Dame steht nun neben
ihm und spricht mit ihm. Sie ist mit sehr altem Kostüm
bekleidet und trägt ein breites Halsband. — Nun geht ein
Mann die vorderen Stufen des Hauses hinauf. Er ist
modern gekleidet mit heller Weste, hohem Hute und langen
Beinkleidern".

Es waren das Szenen der Bilder-Gallerie, in dem der
Gegenstand gelegen hatte und die W. Denton nicht weiter
interessierten.

Einige Tage darauf gab er denselben Gegenstand seiner
Frau (einer sehr hoch entwickelten Psychometristin), die nichts
von dem vorausgegangenen Experimente wußte. Diese sagte:

„Ich empfinde einen starken Einfluß von Anna. Ich
sehe sie einen Gegenstand an die Stirn halten, wie ich es
jetzt thue. Sie scheint vor mir den Gegenstand in der Hand
gehabt zu haben".

Hierauf fuhr sie fort: „In einiger Entfernung sehe ich
eine steinerne Bank von Bäumen umgeben, und nicht weit
davon eine liebliche Quelle. Im Innern eines Hauses sehe
ich verschiedene Räumlichkeiten. In einem der Zimmer sehe
ich ein Bett, in dem eine Person liegt. Diese Persönlichkeit
scheint krank zu sein und ist etwa 14 oder 15 Jahre alt.
Das Bett ist breit, mit erhobenem Kopfteile. Es wirken
verschiedene Einflüsse auf mich und ich fühle sehr dumpf
im Kopf."

Der weitere Versuch wurde abgebrochen und nach
2—3 Tagen mit demselben Gegenstand fortgefahren. Mrs.
Denton sprach also:

„Ich sehe ein großes Haus mit steinernen Treppen;
6—8 Stufen führen zu einem Pfeiler, der im Vordergrund
steht. Es gleicht einem öffentlichen Gebäude, aber ist ver-

schieden von den mir bekannten. Nicht weit davon sehe ich ein anderes Haus, das großartig aussieht. Nun bin ich im Innern des Gebäudes. In der einen Seite des Zimmers, in dem ich mich jetzt befinde, sehe ich lauter fremde Dinge. Ich weiß nicht, wie ich sie beschreiben soll. Der Baustyl des Hauses, sowie die Möbel, wenn sie so genannt werden dürfen, sind derart, wie ich so etwas vorher nie gesehen. Die Fenster sind sehr hoch, aber behängt, sodaß nicht hinreichend Licht hineinfällt. — Während ich andere im Nebenzimmer höre, erblicke ich hier viele Personen, die aber schwer zu unterscheiden sind. Jetzt sehe ich einen Mann, der wie ein Diener aussieht; sein Gewand reicht bis an das Kniee; seine Beinkleider sind lose und auf den Schultern trägt er eine Art von Mantel; jedoch sehe ich sein Gesicht nicht deutlich genug. — Sonderbar! ich sehe lange Reihen von Menschen Schulter an Schulter stehen, die aber rasch verschwinden. Sie gleichen Soldaten, sind gleichmäßig gekleidet, tragen eine hohe Kopfbedeckung und etwas in den Händen. — Nun bin ich wieder im Hause. (Versuche den Hauseigentümer zu finden.) Ich sehe einen ziemlich fleischigen Mann, mit breitem Gesicht und blauen Augen. Er zeigt zuweilen Heiterkeit. Er trägt ein bequemes Gewand, ähnlich einem Schlafrocke, nur nicht so lang. Er ist ein Mann von großem Geiste, scheint einen sehr entschlossenen Charakter zu haben. Was kann er wohl sein? Er ist majestätisch und besitzt dabei ein gut Stück Genialität. Mir scheint, daß er etwas mit den Soldaten zu thun hat, die ich vorhin gesehen; doch scheint das nicht seine Hauptbeschäftigung zn sein. Er besitzt einen starken Verstand."*)

---

*) War dies der beredsame Römer Cicero? Vielleicht nicht; denn Cicero soll groß und mager gewesen sein, aber doch paßt ein Teil der Beschreibung und stimmt mit dem überein, was von seiner Person bekannt ist. Seine militärischen Talente zeigten sich, als er Prokonsul von Cilicia war, und sein großer Geist, der erkannt wurde, steht in Uebereinstimmung mit seinem Charakter und seinem Ruf als erster römischer Redner, dessen Eitelkeit darauf sein größter Fehler war. Jedenfalls haben wir aber eine Beschreibung erhalten, die mit der Zeit und dem Volk der ciceronianischen Ära im Einklang steht. — Auch ist geschichtlich bekannt, daß diese Wohnung Cicero's vor ihm

Ebenso kann durch entwickelte Psychometrie aus einem
Brief der Charakter des Verfassers ermittelt werden; nur
darf der Brief nicht zu lange von jemand anderem in der
Tasche getragen worden sein. Es kann dann vorkommen,
daß die Eigenschaften und der Charakter des letzteren be=
schrieben werden.

Nachdem ich 1861 in Cleveland, Ohio, dieses bei Mrs.
Hanna Brown (einer ausgezeichneten Hellseherin) beobachtet
und als jedesmal zutreffend gefunden hatte, machte ich den=
selben Versuch mit einer somnambulen Patientin (Bertha
Stahl), 16jährigen Tochter einer armen Witwe, die ich aus
wissenschaftlichen Gründen ins Haus genommen hatte, um
den mir damals neuen Spiritualismus zu erforschen. Es
gelang nicht nur die psychometrische Charakterbeschreibung
verschiedener Briefschreiber, sondern der Charakter eines
jeden Namens, den ich auf ein Stückchen Papier schrieb,
das zusammengefaltet von der Psychometrin an die Stirne
gehalten wurde, konnte stets genau beschrieben werden.

Einen wissenschaftlichen Nutzen hat die Psychometrie
bereits

1) der Geologie

gebracht. Wie wenig haben wir z. B. bis jetzt von der
Fauna und Flora der Kreide=Periode gekannt. Als das
Kalk=Beet Europas noch im tiefen Ozean lag, müssen Bäume
geblüht, Reptilien herumgekrochen und Ungeheuer auf dem
Festlande gebrüllt haben, die man nur aus Versteinerungen
und Skeletten ahnt.

Einem entwickelten Psychometer ist es aber ein leichtes,
aus ausgegrabenen Gegenständen jener Zeiten Land, Tiere

---

von Sulla (Diktator Cornelius Sulla Felix) bewohnt war und die
Beschreibung vielleicht besser auf ihn paßt; denn von ihm steht ge=
schrieben, daß er sich in hohem Grade die Liebe seiner Soldaten ge=
winnen konnte, daß er auf Vergnügungen mehr hielt, als auf seine
Machtstellung, und daß ihm Frauen Schauspieler und Sänger die
liebste Gesellschaft waren bis zu seinem Lebensende. — Wo an Gegen=
ständen soviel Geschichtliches vorübergegangen ist, da ist es natürlich
schwer, das Gewünschte sofort zu erhalten, und es bedarf dann jahre=
langer Forschung, um zum erwünschten Ziele zu gelangen.

und Pflanzenwelt zu beschreiben. Vom Beginn der Lebewesen wissen wir noch fast nichts. Die geologischen Aufzeichnungen gemachter Funde, namentlich bezüglich organischer Geschöpfe beweisen hierüber noch sehr wenig.

Von heute nach tausend oder Millionen Jahren wird die Erdoberfläche ganz anders aussehen. Ländereien, die heute noch unter Wasser sind, werden von Geologen erforscht werden und man wird Skelette und versteinerte Knochen eines Gorilla finden, die in Tuffstein=Ablagerungen der westafrikanischen Ströme gefunden werden dürften. Und wie höchst unwahrscheinlich würde es für einen künftigen Geologen sein, Knochen eines Tieres auszugraben, das dem Anblick der Naturforscher Jahrhunderte lang entgangen war, während es früher doch lebte. So muß es natürlich auch mit vielen Tieren sein, die vor Millionen Jahren gelebt haben.

Wie viele Fische und Reptilien muß es einst gegeben haben, von denen man gar nichts mehr weiß und kennt. Die Vögelarten verflossener Zeiten sind nur aus einzelnen Fragmenten in der Kalkformation bekannt, und doch mögen viele über das damalige Land und Felsen geflogen sein und in Amazonen= und Mississippi=ähnlichen Strömen geschwommen haben, von denen heute nichts mehr bekannt ist.

Die Geologie enthält die Geschichte vieler Weltoberflächen. Die verschiedenen Erdschichten sind der beste Beweis hiefür. Berge sind gehoben, Seen gebildet und der Lauf der Flüsse verändert worden, und nur die Psychometristen der Zukunft werden im Stande sein, ein richtiges Bild vergangener Zeiten zu geben.

Für die Minengräber wird die Psychometrie unumgänglich notwendig sein, um die Spuren der Mineraladern verfolgen zu können. So hat Mrs. Denton oftmals, wenn sie mit der Eisenbahn gefahren ist, ausgerufen: „Hier ist Oel, hier Kohlen, hier Blei oder Kupfer in der Erde." Und später haben sich ihre Aussagen als richtig herausgestellt. Als Mrs. Denton einmal mit ihrem Gemahl von Richmond nach Quebeck fuhr und man sich der Black River=Station näherte, sagte sie: „Hier muß viel Kupfer im Erdreich liegen." Und

als ihr Gemahl fragte: „In welcher Form?" sagte sie:
„Es scheint teilweise Schwefelkupfer zu sein, aber auch große
Quantitäten von natürlichem Kupfer, ähnlich dem in der
Lake Superiorgegend gesehenen. Ich sehe es in unregel=
mäßigen Massen verbreitet." Mr. Denton erzählte dann
weiter, daß ihn das sehr in Erstaunen gesetzt habe, da er
keine Ahnung davon hatte, daß in diesem östlichen Teile
Canadas wirkliches Kupfer vorkomme, ausgenommen in
kleinen Körnern. Noch verwunderter war er, als er einige
Tage darauf bei Tische von einem Herrn vernahm, daß in
der Kiesbank bei Black River gediegene Kupferstücke ge=
funden wurden.

Welchen Vorteil wird die Psychometrie, wenn sie im
einzelnen ausgebildet ist, für Minenarbeit gewähren, die
gegenwärtig vielfach vom Zufall abhängt und oft nutzlose
und kostspielige Bohrversuche veranlaßt. In nicht ferner
Zukunft werden die Blei=, Silber=, Kupfer=, Gold= und
Edelsteinlager, die verborgen unter der Erde liegen, durch
Psychometristen entdeckt werden. Und so auch wird

2) die Astronomie

sich der Hilfe dieses Hellfühlens bedienen. Eine genaue
Karte des Sternenhimmels während der Silurianperiode
mag uns viele Geheimnisse offenbaren, die uns zu entdecken
unmöglich ist, weil den Astronomen dazu die Zeit fehlt, das,
was sie dunkel ahnen, genauer zu untersuchen. Warum
sollten wir denn nicht auch die Geschichte der verschiedenen
Himmelskörper, besonders jener, die zu unserem Sonnen=
system gehören, lesen können, uns vertrauter mit deren geo=
logischer, natürlicher, ja vielleicht auch menschlicher Bevölkerung
machen können? Seit undenklicher Zeit strahlen sie ihren
Einfluß über die Erde aus, erzählen ihre Geschichte ihren
Weltenschwestern und warten geduldig darauf, bis die in=
telligente Menschenseele darauf kommt, ihre Offenbarungen
zu verstehen. Gewaltige Bücher warten noch darauf, gedruckt
zu verkünden, was geschichtlich aufgezeichnet dazu führen wird,
über große Probleme Licht zu verbreiten, wodurch gewaltige
Denker für tausende von Jahren befriedigt sein werden.

Mr. Denton*) glaubt großen Grund zu haben, daß gut herangebildete Pſychometriſten die Fähigkeit erlangen werden, von Planet zu Planet zu reiſen und deren gegen= wärtige Verhältniſſe genau kennen zu lernen. Und auf die Frage, wie man die Gewißheit haben könne, daß das von einem oder einer Pſychometriſtin Ausgeſagte auch Wahr= heit ſei, gab er die Antwort: Die Ausſagen verſchiedener von einander unabhängiger Pſychometriſten müſſen dem Weſen nach übereinſtimmen.

Ebenſo gewährt die Pſychometrie

3) den Phyſiologen und Anatomen

ein Mikroſkop, wodurch die Organe lebender Tiere und die Art des Vorganges ihrer verſchiedenen Funktionen geſehen werden kann, die Gewebe können in friſchem Zuſtande unterſucht werden, während der vitale Prozeß noch vor ſich geht. Krankheiten können verfolgt werden bis zu ihrer Urſprungsquelle, ja ſelbſt oft die Mittel angegeben werden, wodurch das Gleichgewicht der Lebens=Agentien (Elektrizität und Magnetismus) wieder hergeſtellt werden kann. Das Geheimnis des Lebens eines jeden Tieres kann erlangt werden von der Geburt bis zu deſſen Tode. Die große Kette organiſcher Exiſtenz kann von Ring zu Ring verfolgt und die Art ihrer Beziehungen zu einander zum vollen Verſtändnis gebracht werden.

Und welchen Vorteil gewährt die Pſychometrie

4) den Geſchichtsſchreibern!

„Die Geſchichte iſt die größte Lügnerin", ſagte Voltaire. Und Will. Denton behauptet, daß die Wahrheit der Geſchichte nur durch die Pſychometrie erlangt werden kann und daß die Natur der menſchlichen Seele im Ueberfluß gewährt, was dieſe zu wünſchen fähig iſt.

Die Geſchichte der früheren Bewohner von Deutſch= land, Frankreich, England und der Schweiz, ſowie die ältere Geſchichte von Griechenland, Aſien und Indien würde,

---

*) William Denton ſtarb Juli 1886 auf einer Forſchungs= reiſe in Neu=Guinea.

psychometrisch untersucht, ganz anders lauten. Die mensch=
liche Geschichte würde nach Millionen, anstatt wie es jetzt
der Fall ist, nach Tausenden von Jahren, berechnet werden
müssen. Egyptens Sand, Steine und Pyramiden würden,
psychometrisch untersucht, ein ganz anderes Bild gewähren.
Und so auch die Geschichte Griechenlands u. s. w.

Das noch vorhandene Schwert Cromwell's ist angefüllt
für Eindrücke dieses großen Geistes und würde in der Hand
eines entwickelten Psychometers überraschendes enthüllen.
Nicht umsonst stehen die Reliquien Napoleon I. in so hohem
Ansehen; denn in ihnen sind Gedanken und Thatsachen an=
gesammelt, die für einen Biographen, psychometrisch erforscht,
von unendlichem Werthe sind.

Eine Geschichte des Volkes zu schreiben, hat wohl
der Patriot Gust. Struve in seiner Weltgeschichte versucht;
allein das Leben des schlechtesten Plebejers sollte ebenso ge=
nau beschrieben werden, als die Thaten der stolzen Patrizier.
— Aus einem kleinen Steine einer ursprünglichen Höhlen=
wohnung, aus einem Stückchen eines behauenen Marmors,
und aus Ueberresten der Stein=, Kupfer= und Eisen=Periode
läßt sich psychometrisch die einsilbige Sprache der Urmenschen,
ihre allmählich sich entwickelte Kunst, ihre Religion von der
Anbetung kriechenden Gewürmes bis zur Erkennung eines
Gottheits=Geistes im Universum, und noch vieles andere er=
kennen, was heute noch unerforscht ist und unerforschbar erscheint.

Somit zeigt sich der Wert einer psychometrischen Er=
ziehung von einer unendlich praktischen Seite. Und wenn
Jungfrauen vor dem unerwarteten Antrag eines ihnen gleich=
giltig gewesenen Kurmachers zurückschrecken, so soll kein Zu=
reden, keine Ueberredungskunst, kein Hervorheben seines
Reichtums, dieses natürliche Gefühl der Antipathie zu ver=
wischen suchen.

So fühlen sich viele in gewissen Gegenden, gewissen
Plätzen, gewissen Häusern, Sitzplätzen im Freien u. s. w.
unheimlich, ohne den Grund angeben zu können. Sicher
sind dann Verbrechen oder Missethaten an Ort und Stelle
geschehen. So hat Louis Napoleon sehr weise gehandelt,
als er einmal Befehl erteilte, ein Schilderhaus zu zerstören,

in dem sich nacheinander drei Soldaten erhängt hatten. Daß geistige Einflüsse ansteckend wirken und zum Guten und Bösen führen können, ist öfters beobachtet worden. So z. B. erzählt ein Dr. Copeland*), daß er einmal zu einem 5—6 Jahre alten Knaben gerufen wurde, der bis zu seinem dritten Jahre kräftig und gesund war und dann allmählich, trotz kräftiger Nahrung abnahm. Eine genaue Erforschung der Ursache ergab, daß der Knabe von seinem dritten Jahre an bei seiner Großmutter in einem Bett schlief. Dr. Copeland verordnete, daß der Knabe in einem von den Groß-eltern entfernten Zimmer schlafen müßte. Die Zunahme an Kräften erfolgte zusehends. — Ebenso wirken gesund aus-sehende Aerzte durch ihr längeres Verweilen und Unterhaltung viel besser auf die Kranken, als ihre medizinischen Pillen.

Für solche psychometrische Eindrücke sind Frauen viel empfänglicher als Männer, und zwar im Verhältnis von 1:5 (nach Prof. Benton). Das mag auch der Grund sein, warum Frauen durch ihr Gefühl in wichtigen Entscheidungs-momenten viel rascher das Richtige treffen, als die Männer durch ihren Verstand. Wenn man dann die Frauen, nach dem eingetroffenen richtigen Resultate, nach dem veranlassen-den Grund fragt, dann erhält man die Antwort auf das warum? — „Weil es so kommen mußte." Dieses im ge-wöhnlichen Leben als „Frauenvernunft" bezeichnete ist nichts anderes, als das p s y c h o m e t r i s c h e H e r a u s f ü h l e n mittelst des noch brach liegenden sechsten Sinnes. „O lieber Mann, hab' nichts mit diesem Menschen zu thun", hört mancher Gatte sagen. „Warum? Weißt Du etwas Nach-teiliges über ihn?" — „Nein, aber ich fühle es, daß er Dich betrügen will." So ahnt auch manche Frau bei Dieb-stählen, wer der Dieb ist, ohne sich dafür einen Grund angeben zu können.

Somit wird es nicht übertrieben sein, zu behaupten:

Der Mensch in kommender Tage Sonnenschein
Wird alles sehen und fast heilig sein. —

---

*) „Milingens Curiosities of Medical Experience" p. 326.

Wie soll man die Psychometrie entwickeln?

Die Möglichkeiten, die der Mensch vermöge seiner geistigen Fähigkeiten auf Erden noch erreichen kann, sind nicht vorauszusehen. Die Basis für eine höhere geistige Entwickelung bildet unzweifelhaft die Psychometrie. John Hamlin Dewey, Dr. med. in New-York, N.-A., hat die Möglichkeiten, die der Mensch schon auf Erden erlangen kann, um „gottähnlich" zu werden, in einem interessanten Buch*) veröffentlicht, das wert wäre, ins Deutsche übersetzt zu werden. Nur das scheint mir nicht nachahmungswert, daß Dewey (Duwi ausgesprochen) anrät, kleine Kinder in magnetischen Zustand (Somnambulismus) zu versetzen und dieselben dadurch zu Hellsehern zu machen. Nachdem dies erreicht ist, soll man das Hellsehen dahin richten, Gegenstände, Personen, Briefe, Bücher zu durchschauen. Nachdem das im somnambulen Trance-Zustand erzielt ist, soll man wachend sein Denken auf das Betreffende konzentrieren. Dadurch würde man ein normales Hellsehen, Hellhören und Hellempfinden erlangen. Ein solches Verfahren mit jugendlichen Nerven erscheint mir aber ein zu gewaltiges, zu künstliches und deshalb nervenerschütterndes zu sein. Nervenkrankheiten verschiedenster Art würden daraus erfolgen und das von den allopathischen Ärzten so oft gehörte „Neurasthenie" (Nervenschwäche) würde noch mehr Nahrung erhalten.

Eine entschieden bessere Art, den in der Menschheit noch brach liegenden und zu hoher Entwickelung bringbaren sechsten Sinn zu fördern, ist die von Prof. J. R. Buchanan, heute noch als über 90 Jahre in San Francisco (Kaliforn.) thätiger Mann, empfohlene Art. Seit mehr als 40 Jahren hat Buchanan nach dieser Richtung geforscht und später, als gewesener Professor an der medizinischen Schule zu Cin=

---

*) „The Way, The Truth and The Life", a Handbook of Christian Theosophy, Healing and Psychic-Culture, a new Method of Education, by J. Hamlin Dewey M. D. N.-York, J. H. Dewey Publishing company. —

2*

cinnati, eine eigene Schule in Boston gegründet, um wirk=
liche Ärzte heranzubilden.

Von der Ansicht ausgehend, daß ein Arzt von Natur
aus als solcher geboren sein muß, d. h. die Gabe haben
muß, sich in den Kranken hineinzudenken, um dessen Krank=
heit besser verstehen zu können, hat dieser noch nicht gebührend
gewürdigte Forscher zu seinen medizinischen Schülern nur
Sensitive als Kandidaten angenommen. Zu diesem Zweck
hat er, wenn 10—20 Studenten sich angemeldet hatten,
ihnen in Papier eingewickelte und numerierte Gegenstände
in die Hand gegeben. Sie mußten sich, nachdem sie auf
Stühlen Platz genommen hatten, die Augen verbinden lassen,
um durch nichts abgelenkt zu werden. Ein jeder wurde
dann angewiesen, sein Denken und Willen auf das zu
richten, was er infolge des in der Hand gehaltenen Gegen=
standes für ein Gefühl habe. Diese Probe mußte ½ Stunde
lang fortgesetzt werden.

Die erhaltenen, den Betreffenden unbekannten Gegen=
stände waren alle drastischer Art, wie Salz, Pfeffer, Opium,
Magneteisen, Alaun, Kupfer, Blei, Brechweinstein, Chinin
u. dergl. Wer nach 10 oder 5 Minuten die spezifischen
Wirkungen von Brechneigung (tartarus stibiatus), Schlaf
(opium), Leibschmerzen (jalappe), Unruhe (Magneteisen)
usw. verspürte, der wurde ruhig auf die Schulter geklopft
und in das Nebenzimmer gewiesen. Diejenigen, die nach
½ Stunde gar nichts ungewohntes angeben konnten,
wurden bedeutet, lieber sich einen anderen Beruf zu wählen,
weil sie sich als spätere Ärzte unglücklich fühlen würden.

Durch Übung kommt man dann dazu, daß man durch
einen Brief oder Gegenstand, der in eines anderen Besitz
war, in solche Verbindung mit dessen Magnetismus gelangt,
daß man dessen Aussehen, Charakter, Gesundheit, Krankheit
und moralische Natur erkennen kann.

Zum besseren Verständnis oder Erkennung seiner psycho=
metrischen Anlagen will ich nun in alphabetischer Ordnung
nach einem amerikanischen Muster beschreiben, was gewisse
empfundene Einflüsse für eine Bedeutung haben; z. B. wenn
sich jemand heiter angeregt fühlt, so ist das ein Beweis von

körperlicher und seelischer Gesundheit; Niedergeschlagenheit
hingegen zeigt das Gegenteil an. Andere aber, die wohl
körperlich gesund sind, aber durch unregelmäßiges Leben,
thörichte Gewohnheiten (Kartenspiel bei Bier, Wein und
Cigarren) mürrisch morgens aufstehen, laufen Gefahr, eines
Tages krank zu werden.

So kann man psychometrisch aus der Ursache auf die
Wirkung schließen und auf diese Weise Charakter, Gesundheit und Krankheit bei Vielen voraussagen.

1) Irdische Einflüsse.

Erscheinungen von:	lassen schließen auf:
Antipathie :	Unbefriedigte Freundschaft.
Abschreckendes Aeußere :	Unsauberer Charakter.
Aufgeregtheit :	Fassungslosigkeit, Abgespannt= heit.
Abgemattet :	Sinnlichkeit ohne Verstand.
do. (mit Teilnahmlosigkeit)	Wolluft.
Blässe, auffallende :	Baldiger Tod — entweder der eigenen Person, oder eines ihm (ihr) Sympatisch=Ver= wandten.
Freudigkeit :	Moralisch rein.
Gestörtheit :	Geistiger Kummer, Schlaflosig= keit.
Gleichgiltigkeit :	Dumm, unwissend, nicht an= regend.
Gereiztheit :	Anregend, ungeduldig.
Gehässigkeit :	Geiz.
Gähnende :	Dem andern gegenüber negativ; von demselben des Magne= tismus beraubt.
Heiterkeit :	Körperliche Gesundheit und seelische Reinheit.
Insichgekehrt :	Kalt, ungesellig, verschlossen.
Klagend :	Leberleidend.
Knabenhaftigkeit :	Hoffnungsvoll auf die Zukunft bauend.

Kopfkrank:	Nervenerregungen.
„ (mit fliegender Fieberkälte):	Zu Stuhlgängen geneigt.
Mürrisch:	Leberkrank, an Verstopfung leidend.
Magenleidend:	Krebs.
Mißtrauen:	Zurückhaltung, konventionelles Benehmen.
Mißmut:	Zur Traurigkeit geneigt.
Nachdenkend:	In Liebe lebend.
Nervosität:	Eigenwillig, starrköpfig.
Niedergeschlagenheit:	Krank durch Mangel an Lebens= magnetismus.
Pathetisch:	Sympathischer Dulder, glaub= würdig.
Ruhe:	Geistig geartete Denkungsweise.
Reizbarkeit:	Selbstsüchtig, arrogant.
Streitsucht:	Engherzig, gefährlich, unedel.
Starrheit:	Besessen, krank.
Sympathisch:	Freundschaft erwerbend.
Sich in die Brust werfend:	Ehrgeiz, Stolz, Rechthaberisch.
Scheue:	Kampflust, Streitsucht.
Teilnahmlosigkeit:	Visionen, Mediumität.
Träumerisch:	Idealist.
Unehrerbietig:	Selbstbewußt, empfindlich.
Verzagtheit:	Unreines Blut.
Zufriedenheit:	Genügsamkeit.

Viele Menschen können auch dadurch psychometrisch erforscht werden, daß man sie in dem Moment beobachtet, wenn sie sich von andern genannt hören; oder wenn jemand an ihnen vorüber geht; oder wenn man sie sprechen hört oder ihnen begegnet.

2) Beeinflußt durch: zeigt an:

Angezogen werden:	Liebe und Wohlwollen.
Antipathie:	Veränderliche Zuneigung.
Abstoßung erregend:	Haß, Böswilligkeit.
Argwohn:	Verschmitztheit, List.

Anstößig verletzt: Übelwollend, Schätze sammelnd.

Abgeschafft sich stellend: Mehr sinnlich, als verständlich, oft sehr talentiert, aber mit verkehrtem Genie.

Beschämtheit: Schwäche durch Vergleichung mit anderen.

Behaglichkeit, Ruhe: Bescheidenheit, demütiger Geist.

Bezauberung: Veränderliche Leidenschaften.

Betrübtheit: Kampf, um sich aus ungünstigen Verhältnissen herauszuziehen.

Bedrücktsein: Kränklichkeit.

Dummheit: Unwissenheit, geist Entartung.

Erregt werden: Leicht bewegbares Gemüt.

Einschüchterung: Stolz, Uebermut.

Ehrerbietig: Talent, Genie.

Ermüdet erscheinen: Geistig entnervt; oft auch sich zeitweise der Sinnlichkeit hingebend.

Entzückung: Fortschrittsgeist.

Furchtsames Ergriffen= werden: Geistige Beherrschung durch Eitelkeit abgewendet (letztere oft unschuldiger Art).

Furcht: Bosheit, Gehässigkeit.

Freudigkeit: Moralische Reinheit.

Geistesklarheit: Geistige Schärfe.

Geistesgestörtheit: Reizbarkeit, Unruhe.

Gleichgiltigkeit: Materialistische Kälte.

Gähnen, nicht unterdrücktes: Entäußerte Lebenskraft. Und dem Magnetiseur gegenüber durch magnetische Entleerung entstehend.

Humor, guter: Erfreuliche Bedingungen.

„ leichter: Witz und alles von der guten Seite ansehend.

Herausforderung: Kleinlicher, selbstsüchtiger Charakter.

„ (mit Miß= achtung verbunden): Selbstsüchtige Erhabenheit oder sich selbst genügend.

Leichte Verletzbarkeit:	Leichte Erregung oder Ungeduld.
Mißstimmung, Mißrichtung:	sich selbst genügende Empfind= lichkeit.
Mißtrauen:	Getäuschtsein, Nichtglauben.
Mißachtung:	Unbeständigkeit und moralische Schwachheit.
Mitgefühl:	Liebe zur Tugend, Wohlwollen.
Nervosität, Nervenerregbar= keit:	Eigenwille, Arroganz.
Steife Haltung:	Annehmen anderer Gewohn= heiten.
Sammlung des Geistes:	Reines Gemüt.
Schreckhaftes Zusammen= fahren:	Arglist.
Unzufriedenheit:	Suchen nach etwas unerreich= barem.
Unterdrückung:	Verletzte Sympathie.
„ (mit Seufzen verbunden):	Vorausseheuder Kummer.
Unruhe im Benehmen:	Unaufrichtigkeit, prätentiös, falsch.
Widerspruch:	Geistig unreiner, unedler Cha= rakter.
Zurückhaltung:	Konventioneller Charakter.
Zusammenschrecken:	Verbrecherischer Charakter.

3) Einflüsse durch Geister.

Wer den Einflüssen der Geister gegenüber sensitiv ist, kann, wenn er durch automatisches oder inspiriertes Schreiben kontrolliert wird, durch folgendes auf seinen Charakter und seine Fähigkeiten schließen.

Es beweist:

Angeregtsein:	Empfänglichkeit, Gemüts= bewegung.
Abgezogenheit:	Nebliche Wirkungen geschehener Ereignisse.
Aerger:	Lasterhaftigkeit.

Eingenommenheit: Große Dunkelheit.

Energie: Aktive Arbeit.

Falschheit (im Wünschen, Begehren): Anziehung niederer Geister. Hier muß der Sensitive vorsichtig sein und jeder Versuchung widerstehen. Er muß sich emporschwingen zum Heiligen, das nur durch Liebe, nicht aber durch Haß angezogen werden kann.

Frohsinn: Glücklichsein.

Gähnen: Abgeben von Magnetismus.

„ (mit Schläfrigkeit); Gebrauch von Tabak, Opium Liköre ꝛc.

Heiterkeit: Zuversichtlicher Fortschritt.

Klarheit: Intellektuelles Verständnis.

Krankheit: Gestörte Gesundheit (oft auch mediale Beanlagung).

Mattigkeit: Fleischliche Gelüste.

Melancholie: Verlorene Liebe.

Nervosität: Mangel an Willenskraft und Entsagung.

Niedergeschlagenheit: Reue.

Ruhe: Frieden.

Reizbarkeit: Zanksucht.

Ruhlosigkeit: Vom Gewissen geplagt.

Schläfrigkeit: Wirkungen vorangegangener, noch anhaltender Schwelgerei.

Schrecken, Furcht: Krankheit der Seele (durch Verbrechen).

Steife Haltung: Versuch für Besessenheit.

„ (mit Erschöpfung): Besessenheit.

Sich unglücklich fühlen: Niederer, sinnlicher Einfluß.

Sich gehoben fühlen: Einfluß hoher Geister.

Träumerischfühlen: Idealität.

Trägheit: Geistige Eingenommenheit.

Unterbrücktfühlen:	Leiden durch frühere Selbst=sucht.
Unzufriedenheit:	Leiden durch frühere Ueber=treibungen.
Wünsche:	(Siehe Falschheit).

NB. Inspiration durch Geister (bei Medien) beweist Talent, aber keine Moral. Die Moral muß durch den gefühlten Einfluß auch gepflegt und die empfangenen Lehren müssen auch befolgt werden. Das innere Fühlen, hervor=gerufen und in Harmonie gebracht mit den aus dem Geisterreich empfangenen Lehren, führt das Medium sicher weiter. Das Gegenteil des Nicht=Befolgens der Lehren führt das Medium meist zum Ruin.

4) Unbewußte Eindrücke.

Beim Lesen einer Notiz oder eines Briefes, in dem eine Beleidigung oder eine Ungerechtigkeit steht, verrät sich der Einfluß auf das Gefühl folgendermaßen.

Einflüsse von:	verrät:
Schreckeneinjagen, Lärm=schlagen:	Bosheit und Ungerechtigkeit.
Aerger:	Anmaßung und Selbstsucht.
Nichtbefriedigung:	Vergessene Wahrheit.
Interessenlosigkeit:	Gänzliches Ignorieren.
Bezauberung:	Inspiration (falsche ob. wahre).
Befriedigende Wahrheit:	Innerlich erkannte Wahrheit.
Gleichgiltigkeit für etwas:	Nichtbeachtung.
Herausforderung:	Selbstsüchtige Motive, quälende Gefühle.
Gestellte Frage:	Bezweiflung.
Sympathie:	Angenehme Gefühle.
Erschütternde Nachrichten:	Erregtheit.

5) Ahnungsgefühle.

Bei vielen Personen ist ein Ahnungsgefühl vorhanden, sodaß sie die Zukunft voraussehen können.

Folgendes ist auf sich selbst und auf andere anwendbar — auf sich speziell, wenn man allein ist und nicht bei andern durch Denken oder Unterhaltung abgelenkt wird; — auf andere durch scharfe Beobachtung derselben, wenn sie eine Nachricht oder einen Brief erhalten.

Ursache von:	bedeutet:
Plötzlich erhaltenen Ein= drücken:	Eintreffen von unwillkommenen Nachrichten.
Abstoßendes Gefühl (beim Betreten eines Platzes, Zimmers, Gegend):	Betrug, Arglist, Unthat.
Ahnende Besorgnis:	Schwierigkeiten auf dem Weg; kommende Täuschungen.
Erschöpfung (ohne logischen Grund.	Besessenheit.
Furcht (vor der Zukunft):	Kommende Prüfungen.
„ (plötzlich entstanden):	Lauernde Gefahr.
„ (erschütternde):	Gefahr für das Leben.
Freude (plötzliche):	Schlag durch Liebeswogen.
„ (durch Denken an jemand):	Kann zu Recht bestehen; aber auch sich in boshafte Freude ändern.
Gefühl von Unzufriedenheit:	Nach etwas unereichbarem trachten.
„ (mit Erschöpfung):	Hereinbrechende Krankheit.
„ (mit Ruhelosigkeit):	Schmerz und Seelenleiden.
Gestörte Seelenruhe:	Unliebsame Gedanken = Wellen.
Gelassenheit, Ruhe:	In Harmonie mit der Natur stehend.
Geistesschwachheit:	Sympathisches Leiden i. Anzuge.
„ (mit Seufzen):	Drohung von Schmerz und Kummer.
Glückseligkeit:	Kommende gute Nachrichten.
Niedergeschlagenheit:	Daß wir uns gegen das Natur= gesetz der Liebe versündigt haben.
Ruhelosigkeit:	Intriguen, irgendwo gesponnen.

Ruhelosigkeit (mit Furcht):	Lauernde Rache für begangenes Recht oder Unrecht.
„ (mit Mißtrauen gepaart):	Unschädliche Intriguen.
Trauer (im Geiste):	Durch Schicksal hart bedrückt.
Unbehagliches Gefühl:	Versäumte That.
Verzweiflung:	Ursache für Kummer und Schmerz.
Zaghaftigkeit (im Handeln):	Warnung vor zu langem Ueberlegen und Verschieben.
Zittern (beim Oeffnen eines Briefes):	Aufregender Inhalt.
Zusammenschrecken (ohne sichtbare Ursache):	Eifersüchtige Gedankenwogen.

NB. Mehrere obiger Gefühle wird mancher Leser an sich selbst empfunden haben. Ein Beweis, daß er mit psychometrischen Anlagen behaftet ist. Viele werden ihr Gefühl bereits so studiert haben, daß sie sich in dem Kommenden nicht mehr täuschen. Einige werden noch andere, als oben angeführte Ursachen und deren Folgen an sich bemerkt haben. Immerhin dürften viele in dem angeführten einen Fingerzeig finden, um sich selbst zu beobachten und daraus dierichtigen Schlüsse zu ziehen. —

6) Regeln für Charakterlesen.

Wohl kann eines Menschen Charakter durch die Phrenologie, durch Physiognomik, durch die Handlinien, durch die Handschrift und durch seine sichtbaren Stirnrunzeln erkannt werden; allein zuweilen täuschen diese äußeren Zeichen, was aber bei der

Psychometrie

nie der Fall ist. Dieser wissenschaftliche Zweig sollte in allen Schulen gelehrt werden, weil dadurch Verbrechen abgewandt und das Denken mächtig angeregt wird.

Die Bezeichnung „Psychometrie" (Seelenmessung) ist im Jahre 1842 durch Dr. J. R. Buchanan aufgekommen, damals Professor an der medizinischen Schule in Cincinnati. Es war der Vorläufer des modernen Spiritualismus.

Wie bereits oben bemerkt, hat Prof. Buchanan durch das Experiment der Konzentrierung der Gedanken auf Gegenstände, die verschlossen in die Hand genommen werden, entdeckt, daß dadurch die Wesenheit des Gegenstandes oft in überraschender Weise genau beschrieben wird. Einige wurden dadurch hellsehend und förderten merkwürdiges zu Tage. Andere hörten Stimmen dabei und haben dadurch zu besserem Verständnis geführt. Wieder andere wurden mehr für Durchforschung unseres kranken Körpers für geeignet gefunden und zur Diagnostizierung der Krankheits= formen benutzt. Andere empfanden die Wirkung gewisser Medizinen und gewisser Speisen, ohne sie zu kosten, und führten dadurch zu ganz neuen Wahrheiten. Und so kam Buchanan darauf, herauszufinden, nach welcher Richtung sich die betreffenden entwickeln lassen.

Den Schlüssel dazu bietet, daß jeder Gegenstand eine magnetische Ausströmung besitzt. Diese Ausströmungen sind vergleichbar dem magnetischen Geruche, den die Blumen ver= breiten und die auf verschiedene Menschen eine verschiedene Wirkung haben.

So haben Kirchhöfe auch eine besondere magnetische Ausströmung, deren Wirkung auf einzelne Menschen so stark ist, daß es diesen unmöglich ist, an einem Kirchhof vorbei zu gehen. Und so auch werden Psychometrisch=Beanlagte oft zu Hause durch plötzlich auftauchende Gefühle aufmerksam gemacht, daß solches Fühlen etwas bedeutet. Es handelt sich dann nur darum, dieses etwas näher zu untersuchen, um sich der Bedeutung solcher spezieller Gefühle bewußt zu werden. Dadurch dürfte — allerdings erst nach Jahrhunderten — erzielt werden, daß wir auf Erden schon engelhaften Wesen gleichen, die bestrebt sind, sich und anderen zum Nutzen zu leben.

Wie oft kommt es vor, daß Leute, wenn sie in die Wohnung einer in Harmonie lebenden Familie treten, sofort ein angenehmes Gefühl verspüren, oder wo Zank, Streit,

Widerspruch in einer Familie herrscht, ein Unbehagen fühlen.

Aber leider sind die Menschen noch nicht so engelhaft rein, daß sie sich für die von Mißgeschick betroffenen opfern. Wenn die Menschheit einmal spiritualisierter sein wird, dann wird manches zutage treten, was in sympathischer Beziehung stehend, klarer verstanden sein wird.

Ganz besonders wird man sich aber der Emanation (Aura = Ausströmung) bei Sensitiven bewußt sein; denn gerade diese Ausströmungen erzeugen durch ihren magnetischen Charakter das psychometrische Gefühl.

Heute sind sich noch wenige Menschen einer psycho=metrischen Kraft bewußt, und die Universitäts=Professoren erst recht nicht. Aber wenn einmal ausgefunden sein wird, daß die Wände eines Zimmers und die Möbel und einzelne Gegenstände und Schriftstücke 2c. Geheimnisse verraten können, die man heute noch für unfindbar erklärt dann wird man sich eine andere Vorstellung von der in uns noch verborgenen Kraft machen. Eine größere Moral wird die natürliche Folge sein und die Psychometrie als das not=wendigste Mittel angesehen werden, um unseren 6ten Sinn zur Entwickelung zu bringen.

Alle Sensitiven

sind Medien und empfindlich für magnetische Strömungen der Luft. Wo viele Menschen wohnen, muß natürlich die Luft mit ganz anderem Magnetismus angefüllt sein, als wo ein Land, Haus, Zimmer meist menschenleer war. Eine Stelle, Bank, Baum im Freien oder ein Zimmer, an dem ein begangenes Verbrechen haftet, ist dem Psychometrisch=Beanlagten oft durch ein besonderes Gefühl unheimlich und verdächtig. Ist aber die psychometrische Anlage ausgebildet, dann kommt das Gefühl des begangenen Verbrechens zum Bewußtsein.

Darum sollten solche unbestimmte Gefühle nicht über=sehen und nicht unterdrückt, sondern durch Uebung, d. h. durch öfteres Besuchen solcher Plätze sollte man das spezielle Gefühl studieren.

Treten bei Senfitiven Vorahnungen zu Tage, die fich
fpäter bewahrheiten, dann kann folches zu prophetfchen
Anlagen führen. Sehr häufig entfteht dadurch Hellfehen.

Die Hellfeherkraft

ift meift aber etwas angeborenes und tritt immer häufiger
fchon bei ganz kleinen Kindern auf. Um das zu erklären,
ift der Spiritualismus die einzige Wiffenfchaft.

Es giebt zwar Menfchen, namentlich auf den Univerfitäten,
welche das Hellfehen (zweites Geficht) leugnen und es eine
Vifion, Halluzination, Einbildung nennen; allein auf die
Bezeichnung kommt es nicht an; denn auch eine Vifion ift
ein etwas, wenn auch nicht greifbares. Und wenn zwei
oder mehrere Perfonen diefelbe „Vifion" haben, dann muß
etwas objektives (thatfächliches) die veranlaffende Urfache
fein. Ja, felbft eine Einbildung ift oft mehr, als nur
Trugbild.

Jeder Maler, Bildhauer, Mufiker ftellt fich erft im
Geifte das vor, was er zum Ausdruck bringen will.
Darum ift Einbildung (Phantafie) eine fchöne Gabe, die
richtig entwickelt den Betreffenden zum Poeten, Redner,
Philofophen, Schriftfteller machen kann. Große Mufiker
hören fchon im Geifte die Mufik, die fie, zu Papier gebracht,
durch das Orchefter zum hörbaren Ausdruck bringen.

Im Geifte (pfychometrifch) zu fehen und zu hören, ift
deshalb fo wertvoll und follte nicht unentwickelt bleiben;
denn als entwickelter 6. Sinn ftellt es einen

menfchlichen Kompaß

dar, der uns ftets als ein willkommener Mahner auf unferm
irdifchen Lebenswege erfcheinen wird.

Kinder find meift fenfitiver als in fpäteren Mannes=
oder Frauenjahren. Sie erfcheinen oft als viel feinere
Beobachter, als die Erwachfenen; fie find im Beurteilen
von fremdem Befuche viel zuverläffiger als felbft Wiffen=
fchaftler, die dazu ihre Kenntnis in Phyfiognomik, Phreno=
logie und Metopofkopie (Stirnfalten=Lehre) zu Hilfe nehmen;
denn Kinder laffen fich viel mehr durch das Innere

beſtimmen, während die Erwachſenen mehr auf das
Aeußere ſehen.

Später geht dieſe Gabe bei Kindern durch die Uebung,
Erziehung, angelerntes urteilen u. ſ. w. verloren und das
Natürliche wird durch das Konventionelle verdrängt, während
durch eine vernünftig entwickelte Pſychometrie der innere
Menſch direkt durchſchaut werden kann, d. h. wie er in
Wahrheit iſt, nicht wie er durch ſeine Manieren und Redens=
arten zu ſein ſcheint.

Bei einigen Kindern aber erhält ſich dieſe pſychometriſche
Gabe doch, bricht ſich gleich einem Genie Bahn, und führt
das Lebensſchiff ſiegreich durch alle Gefahren des Lebens,
gleichwie das Seeſchiff durch den Kompaß zum richtigen
Hafen geführt wird.

Der Geiſt iſt der Beherrſcher

unſerer Konſtitution. Das beweiſt die Thatſache, daß ein
Menſch den Schmerz in einem verlorenen Arm oder Fuß
verſpürt, als ob das Glied noch da wäre. Da das bei
einem einzelnen Gliede der Fall iſt, ſo muß auch der ganze
Körper, wenn in Disharmonie gebracht, geiſtig empfunden
werden; daher iſt auch unſer Geiſt nach dem Tode oft lange
noch beunruhigt durch die zu große Selbſtſucht auf Erden.

Der Spiritualismus lehrt, daß wir unſere Leidenſchaften
bekämpfen müſſen. Iſt dieſer Kampf auf Erden ſchon geübt
worden, ſo daß das Gute das Böſe überwiegt, dann iſt ein
ſolcher Geiſt kein an die Erde gebundener. Er mag wohl
noch im Jenſeits für manches ſühnen müſſen; allein die
Seele fühlt ſich durch die Menge des guten, was ſie voll=
bracht, beruhigt und der Geiſt zufrieden. Ein gutes Leben
zu führen iſt nicht ſo ſchwer, es gehört nur der ernſtliche
Wille dazu, gutes zu thun und böſes zu laſſen. Und wer
ſeinen Geiſt anſtrengt, die Moral nicht nur als eine Wiſſen=
ſchaft oder Philoſophie, ſondern auch als eine Religion zu
erfaſſen, der wird in ſeinem geiſtigen Willen die einzig
wahre Urſache finden, das Gefühl einer Glückſeligkeit
zu verwirklichen. —

Da somit der Geist der Beherrscher unserer Konstitution
ist, so ist unser Körper erst dann als tot oder gestorben
anzusehen, wenn der Geist den Körper vollständig abgelegt
hat. Bekanntlich ist das bei

Scheintoten

nicht der Fall. Auch hier ist nur durch die Psychometrie zu
ermitteln, ob wirklicher Tod eingetreten ist. Die medizinische
Schule hat kein anderes Mittel, als 3 Tage den Leich=
nam liegen zu lassen und die Totenflecken als einzigste sichere
Zeichen anzusehen. Diese konventionelle Vorschrift hat sich
aber vielfach als trügerisch erwiesen.

Man lasse aber die Gestorbenen durch einen Psycho=
metristen untersuchen, so wird dieser, wenn der Tod wirklich
eingetreten, ein Gefühl von Schreck, Abscheu, Ekel empfinden,
was stets als ein sicheres Zeichen angesehen werden kann,
daß kein Lebensmagnetismus im Gestorbenen ist.

Hier läßt sich nun die Frage einschalten:

7) Was ist für ein Unterschied zwischen
Psychometrie und Mediumität?

Da der menschliche Geist nach dem Sterben als be=
wußtes Wesen fortlebt, so dürfen wir wohl annehmen,
daß der betreffende Geist höhere Eigenschaften besitzt und
uns Dinge zu enthüllen imstande ist, die für uns von
großer Wichtigkeit sind. Das ist aber nur teilweise richtig
und wird sowohl von den Medien, als den Psychometristen
widersprochen. Auch ist die Methode nach der Art, wie beide
untersuchen, eine ganz verschiedene.

Der Psychometrist ist ein wachender Denker; das
Medium aber ein passives Instrument, das durch einen
Geist (Schutzgeist) in Bewegung gesetzt wird. — Es kann
aber vorkommen, daß jemand zugleich Medium und Psycho=
metrist ist, d. h. zugleich Denker und Sprecher.

Der Psychometrist verhält sich dem zu Untersuchenden
gegenüber als positiver, ganz unabhängiger Denker, das
Medium aber fühlt sich als ein negativer, abhängiger Sprecher
und Handelnder. Jener kann unmöglich ein passiver

Empfänger sein; dieser unmöglich ein aktiver Mithelfer. Wo dies letztere dennoch geschieht, ist das Medium ein Betrüger.

Jeder einigermaßen Sensitive empfindet weltliche oder spirituelle Einflüsse durch ein ihm unbestimmbares Gefühl, ohne dabei aus dem Gleichgewicht zu kommen. Durch ein Ahnungsgefühl kann er ein Voraussager werden, oder sonst eine

Wahrheit erkennen.

Z. B. wenn ein Sensitiver durch einen Vortrag, Predigt, Brief, Zeitungsartikel sich getroffen fühlt, dann empfindet er in der Magengegend im sympathischen Nerven=plexus (Solar=Geflecht) ein eigentümliches Griebeln. Betrifft die Nachricht etwas angenehmes, dann ist das Gefühl ein be= seligendes.

Solcherart läßt sich die Zukunft durch freudige oder traurige Vorahnungsgefühle oft ermitteln. Alles kommt · auf Selbstbeobachtung und Uebung an.

Der wissenschaftliche Grund besteht darin, daß der Geist alles durchdringt und Wahrheit, Lug und Trug voraus= sehen kann. — Ebenso beruht

das Geheimnis der Wünschelrute,

wodurch verborgene Quellen, Mineral= und Metalllager entdeckt werden können, auf dem Naturgesetz der Psychometrie. In England, Amerika und auch in Deutschland (und sicher in der ganzen Welt) giebt es solche Quellenfinder, und es ist ja bekannt, daß Chicago, trotz dem Ausspruch der geologischen Gelehrten, durch einen ungebildeten Irländer, James Abram, die Stadt Chicago mit dem herrlichsten Wasser durch einen artesischen Brunnen versehen worden ist, dessen unterirdischer Lauf von Abraham (der zugleich Hell= seher war) bis zu den Felsengebirgen, jenseits des Missisipi durch eine wunderbare Darstellung auf 6 großen Karten= Blättern künstlerisch dargestellt wurde.*)

---

*) Diese 6 großen Karten=Blätter waren in 60 Stunden vollendet. Ein selbst gewandter Zeichner würde dazu 60 Wochen gebraucht haben. —

Fast einem jeden wird das Experiment der Wünschel=
rute gelingen, wenn er mit von außen nach innen gedrehten
Händen eine gespaltene Haselnußgerte so in die Hand
nimmt, daß in jeder Hand das Ende der Gerte mit nach
oben stehenden, ungeteilten Enden gehalten wird. Läuft man
so gegen einen Strom oder Fluß (nicht See; denn das Wasser
muß fließen), so wird er bemerken, daß sich das nach oben
stehende Ende mächtig gegen das Wasser hinneigt.*)

Hier dürfte auch Lavater's Lehre der

8) Physiognomik

erwähnt werden, wodurch man durch die Gesichtszüge den
Charakter des Menschen erkennen kann.**) — Bezüglich der
Angabe des Charakters durch die Farben der Augen
hat Lavater angegeben, daß Leute mit blauen Augen ganz
andere Eigenschaften besitzen, als solche mit schwarzen, hasel=
nußfarbigen oder braunen Augen.

Nach Lavater u. a., die seinen Beobachtungen gefolgt
sind, wird z. B. eine Gattin mit blauen Augen niemals ihrem
Manne entlaufen und untreu werden, niemals streitsüchtig sein,
nicht zu viel und nicht zu wenig sprechen, den häuslichen
Komfort vorziehen, intelligent, angenehm und liebenswürdig
sein. Ein graues Auge beweist Schlauheit und Talent.
Solche Augen sind vielfach bei großen Denkern und bei
Schiffs=Kapitänen zu finden. Bei Frauen bedeutet ein graues
Auge mehr Kopf als Herz. — Die graue Farbe ist sehr
verschieden an Farbe und Ausdruck; solche Augen können
feurig, gewinnend, schelmisch, kalt, listig und boshaft sein;
aber stets werden sie mehr Verstand als Gemüt verraten.

---

*) Ich selbst habe dieses im Frühjahr 1859 (als ich noch kein
Spiritualist war) auf Rat eines Freundes am Niagara=Strom
wiederholt nachgemacht und mich von dem geheimnisvollen Senken
des oberen nicht gespaltenen Teiles der Rute überzeugt, dessen beide
Enden ich, wie beschrieben, in den Händen hielt.

**) Joh. Kaspar Lavater, 1801 in Zürich als menschenfreund=
licher Pfarrer gestorben; jedoch scheint seine Kunst, die Menschen=
Charaktere zu erkennen, mehr in seinem Gefühle (Psychometrie) ge=
legen zu sein.

3*

Schwarze Augen beweisen Feuer, Heroismus und festen Charakter, aber zuweilen auch einen diabolischen Ausdruck. Schwarze Augen der Männer machen meist auf Frauen einen großen Eindruck.

Grüne Augen sollen Mut, Stolz, Energie anzeigen. Vorstehende, große runde Augen beweisen Sprachkenntnis und gute Beobachtung. Tiefliegende Augen zeigen das Gegenteil an; besitzen dabei aber bestimmtere, tiefere Gedanken. Runde Augen sollen Hellseherkraft besitzen und mehr Gefühl als Verstand anzeigen. Kleine Augen sind nicht hellsehend, denken und fühlen aber innerlich umsomehr.

Ein herunterhängendes unteres Augenlid zeigt an, daß der Betreffende seinen Nächsten scharf zu beurteilen und herabzuwürdigen geneigt ist, sich selbst aber gut zu verteidigen weiß. Ist das Herunterhängen sehr stark, sodaß das Weiße des Auges unter der Pupille sichtbar wird, — o dann nehme Dich vor solchen Menschen in acht!

Die Augenbrauen können dick und dünn, grob und fein, glatt, buschig, gebogen und gerade, regelmäßig und unregelmäßig sein. Dies alles soll bestimmte Beziehungen auf Temperament und Charakter haben.

Dicke, starke Augenbrauen sollen ein starkes Temperament anzeigen. Buschige und unregelmäßige sollen einen harten Charakter bedeuten. Dünne, feine und glatte Augenbrauen deuten auf feine Organisation und thätiges, aber nicht dominierendes Temperament.

Hiermit soll nur angedeutet werden, auf was alles die Beobachtung zu richten ist, um jemandes Charakter genau zu bestimmen. So z. B. will ich schließlich noch die

9) Stirn=Runzeln

erwähnen. Dieser wissenschaftliche (?) Zweig nennt sich Metoposkopie, d. h. die Kunst, aus den Runzeln der Stirne zu lesen.

Nach der „Remedia Sympathética" giebt es sieben Hauptrunzeln in der Stirne von einer Schläfe zur andern, die sich meist im Alter deutlich aussprechen. — Anstrengende

Kopfarbeiten, sowie eine unglückliche Jugend durch Kummer oder Schmerz können die Anlagen dazu frühzeitig entwickeln.

Hauptregeln sind:

a) Schiefe Stirnrunzeln (besonders wenn sie parallel zu einander stehen) künden einen schwachen, argwöhnischen Charakter und geistlosen Menschen an.

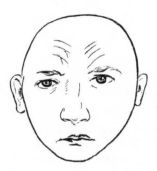

b) Gerade laufende, beinahe parallel laufende Linien verheißen ein gesundes Urteil, guten Charakter, Klugheit, Ehrlichkeit und einen geraden Sinn.

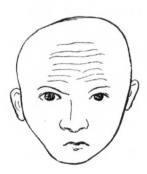

c) Zahlreiche Runzeln auf der oberen Hälfte der Stirne, wenn die untere davon frei ist, zeigt ein sicheres Zeichen von Dummheit an.

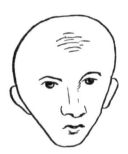

Die sieben Hauptrunzeln,
die sich meist von Schläfe zu Schläfe ziehen, heißen:

1) Die höchste, den Haaren zunächst sich befindende, steht unter der Herrschaft des Saturn.

 a) Fehlt die Saturn-Linie, dann fehlen bei dem betreffenden auch keine Unvorsichtigkeiten, und es treten häufig Unglücksfälle ein.

 b) Auf der Mitte gebrochen, ist ein Zeichen von unruhigem Leben.

 c) Stark entwickelt, ist ein Beweis von gutem Gedächtnis, Ausdauer, Glück und zu erwerbendem Vermögen.

NB. Ein quer gestelltes ⊂ oben (∪) in der Mitte, zeigt ein großes Gedächtnis an.

2) Die zweite Linie von oben ist abhängig vom Planeten Jupiter.

 a) Gebrochen bedeutet: große Thorheiten.

 b) Fehlt sie, so bedeutet das: Inkonsequenz und Mittellosigkeit.

 c) Gut entwickelt: Ehre, Glücksgüter, vernünftiges Betragen.

3) Die dritte Linie ist abhängig vom M a r s.
   a) Gebrochen bedeutet: ungleiches Gemüt.
   b) Gar nicht zeigt sie sich bei sanften, blöden, bescheidenen
      Menschen.
   c) Stark entwickelt: Kühnheit, Zorn, Heftigkeit.

4) Die vierte Linie ist abhängig von der S o n n e.
   a) Mangel dieser Linie bedeutet: Geiz.
   b) Gebrochen: Murrkopf, oft ungeschliffen und geizig,
      oft liebenswürdig und freigebig.
   c) Kräftig entwickelt: Mäßigung, Lebensart, Liebe zur
      Ruhe und Neigung andere glücklich zu machen.

5) Diese Linie ist von der V e n u s abhängig und eine sehr
   wichtig zu merkende.
   a) Stark entwickelt bedeutet sie: Neigung zur Liebe,
      Luxus und Schwelgerei.
   b) Gebrochen und ungleich erscheint sie bei Sinnlichen,
      die aber oft zur Weisheit zurückkehren. Männer
      mit solchen Linien sind treu, wenn die gewählte
      Frau zu ihrem Herzen paßt.
   c) Die Linie fehlt bei kalter, gefühlloser Lebensart;
      Keuschheit ist dann kein Verdienst, weil die Ver=
      suchung fehlt. Bei wahrhaft keuschen Mönchen und
      Kapuzinern fehlt diese Linie ganz.

N B. Mit dem oben angedeuteten ∪ bedeutet es schlimme
Liebeshändel.

6) Die Linie ist vom M e r k u r abhängig.
   a) Stark entwickelt kommt sie bei dichterischer Begeisterung,
      Beredsamkeit und Kunstsinn vor.
   b) In der Mitte gebrochen: bei Alltagsmenschen.
   c) Wenn gar nicht entwickelt, ist der betreffende eine
      Null in der Gesellschaft.

N B. Mit ∪ bedeutet es — Verrücktheit.

7) Diese tiefste Linie steht unter dem Einfluß des M o n d e s.
   a) Gut entwickelt bedeutet: kaltes Temperament, Me=
      lancholie.
   b) Schwach entwickelt: bald lustig, bald traurig sein.

c) Gar nicht vorhanden: Ein stets lustiger Geselle, der
Heiterkeit, Spiel und Zeitvertreib um sich wünscht.

NB. Mit ∪ in der Mitte neigt zu Zank und Streit.

So wollen viele auch aus der Bildungsform der Nase,
der Ohren, des Kinnes Charakter und Temperament lesen
können. Es ist das ein Beweis, daß wir unter dem Einfluß
des ganzen Universums stehen und uns noch viele Naturgesetze
verborgen zu sein scheinen, die uns mit der Zeit alle klar
vor das Bewußtsein treten und zur Weisheit führen werden.

Die Menschheit ist immer noch im Werden begriffen
und wird erst dann seine Bestimmung auf Erden erreicht
haben, wenn sie alle Naturgesetze, die physischen sowohl wie
die spirituellen, das kleine und das große Universalgesetz,
den Mikrokosmos (Mensch) wie den Makrokosmos (Firma-
ment), gänzlich erkannt haben wird. Hiezu wird und muß
aber (nach ein= oder zweitausend Jahren) noch eine weitere
Offenbarung kommen:

Die Offenbarung der Weisheit,

für die wir heute noch nicht reif wären; denn erst müssen
wir gelernt haben die Offenbarung der Liebe an unseren
Mitmenschen zu bethätigen. —

Zu beziehen durch jede Buchhandlung, sowie durch den Verlag von **Oswald Mutze** in Leipzig:

Animismus und Spiritismus. Versuch einer kritischen Prüfung der mediumistischen Phänomene mit besonderer Berücksichtigung der Hypothesen der Hallucination und des Unbewußten. Von Alex. Aksakow. Mit 11 Lichtdruckbildern (Geisterphotographien) und dem Porträt des Verfassers. 2 Bände. Dritte verbesserte Auflage. 52 Bogen. (Spirit. Hauptwerk.) Preis geh. M. 12.—, fein geb. M. 15.—.

Geist und Stoff. Sachliche und kritische Bemerkungen zu des Herrn Dr. du Prel „Entdeckung der Seele". Von Theod. Heinr. Mandel, luth. evang. Pfarrer. 7¼ Bogen. Preis brosch. M. 2.—, geb. M. 3.—.

Der Schlaf und das Traumleben. Von Robert Brander. Preis M. —.80.

Statuvolence oder der gewollte Zustand und sein Nutzen als Heilmittel bei Krampfzuständen und bei Krankheiten des Geistes und des Körpers. Von Dr. W. B. Fahnestock. 3 Bog. gr. 8⁰. Preis M. 1.—.

Kaiser Friedrich's Krankheit! Was lehrt sie? Ein ernstes Wort in ernster Zeit an das deutsche Volk. 326 S. M. 4.—, geb. M. 5.—. Volksausg. M. 2.—.

Kramer, Der Heilmagnetismus. Seine Theorie und Praxis. Preis M. —.50.

Der kleine Haus- und Reisearzt. Wie erreicht man ein hohes und gesundes Alter und zwar das höchste von Gott uns zugedachte Greisenalter? Von Dr. med. Blau. Ein unentbehrlicher Rathgeber für alle Gesunde und Kranke. Fünfte vermehrte u. verbesserte Auflage. 15 Bog. 8⁰. Preis brosch. M. 3.—, geb. M. 4.—.

Die magnetische oder sogenannte Huth'sche Heilmethode. Durchgesehen vom Magnetiseur Carl Hansen. Mit 5 Abbild. 2. Aufl. Preis geh. M. 1.—.

Eine Erzählung im zwanzigsten Jahrhundert. Von R. Buckow. Preis M. 1.—.

Wie ich ein Spiritualist geworden bin? Von
Dr. B. Cyriax. 2. Aufl. 162 S. Mit Nachtrag.
Preis brosch. M. 1.20, geb. M. 2.—.

Der Spiritualismus und die Wissenschaft. Von
William Crookes. Experimentelle Untersuchungen
über die psychische Kraft. Mit 16 Abbildungen. 2. Aufl.
Preis M. 2.—, geb. M. 3.—.

Christentum und Spiritismus und die Gleich=
artigkeit ihrer Beweise. Von Leopold v. Schwerin.
Preis M. 2.—, geb. M. 3.—.

Die Wahrheit des Christenthums. Auf pan=
theistischer Grundlage dargestellt von Paul Meyer.
Preis M. 3.—, geb. M. 4.—.

Katechismus des reinen Spiritualismus. Von
Prof. Dr. Lucian Pusch.
Preis brosch. M. 4.—, geb. M. 5.—.

Durch Nacht zum Licht (Post nubila Phöbus)
oder „Die weiße Internationale". Von Prof. Dr.
Lucian Pusch. 2 Bände. Mit einem Paradiesplan rc.
Preis in eleg. Umschl. M. 8, geb. M. 10.

„Harald Gert", oder: Vom Unglauben zum Glauben.
Ein Traumgesicht. Mitgetheilt von Laudamus.
Preis M. 2.—, geb. M. 3.—.

**Ueber Lessing's Lehre von der Seelenwande=
rung.** Von Wilhelm Friedrich. (Preisgekrönt.)
Preis M. 2.—, geb. M. 3.—.

Die Lehre von der Seelenwanderung. Von
Rudolf Kneisel. (Preisgekrönt.)
Preis M. 3.—, geb. M. 4.—.

Wahrheiten. Plaudereien von Adolf Gaul. 22 Bog.
gr. 8°. Preis M. 5.—, geb. M. 6.—.

Der Sieg von Möttlingen. Von Theodor Heinrich
Mandel. 182 S. gr. 8°. Preis M. 3.—, geb. M. 4.—.

Der Erlöser. Epische Dichtung von Gotthard Ger.
Mit dem Bildniß des Erlösers in Lichtdruck nach
Guido Reni. Preis brosch. M. 3.—, geb. M. 4.—.

Zu beziehen durch jede Buchhandlung. Verzeichnisse gratis.

Spiritistische Geständnisse eines evangelischen Geistlichen über die Wahrheit der christlichen Offenbarung. Von Gottfr. Gentzel, Pastor emer. 2. Aufl. Preis M. 1.50.

Die Doppelkraft des Lichtes und ihre Metamorphose. Ein monistisch=antimaterialist. Natursystem mitgetheilt von Paul Meyer. Mit diversen Figuren. 18 Bog. gr. 8°. Preis M. 5.—, geb. M. 6.—.

Die Insel Mellonta. Von L. B. Hellenbach. 3. Auflage. 18 Bogen 8°. Preis M. 4.—, geb. M. 5.—.

Salvira's Leben im Diesseits und in den Sphären. Mediumistisch geschrieben durch Edmund Blechinger. 224 Seiten. Preis brosch. M. 3.—, geb. M. 3.60.

Dasein und Ewigkeit. Betrachtungen über Gott und Schöpfung, die physische und psychische Entwickelung in der Natur, die Unsterblichkeit, den endlosen Fortschritt und die Bestimmung des Geistes. Von W— Erdensohn. 536 S. gr. 8°. Preis geh. M. 8.—, eleg. geb. M. 10.—.

Die geistige Mechanik der Natur. Versuch zur Begründung einer antimaterialistischen Naturwissenschaft. Von Prof. Dr. Schlesinger. Mit einer Figurentafel. 216 S. Preis geh. M. 5.—, geb. M. 6.—.

Theodor und Martha, oder: Die Priesterweihe. Ein Gedicht in zwölf Gesängen von H. J. Traun. Gewidmet „allen Unglücklichen, besonders den vom Zweifel beunruhigten Studenten einer dogmatischen Theologie." 402 S. Preis brosch. M. 4.—, geb. M. 6.—.

Das Buch der Medien, oder: Wegweiser der Medien und der Anrufer, enthaltend eine besondere Belehrung über die Geister, über die Theorie aller Art Kundgebungen, über die Mittel für den Verkehr mit der unsichtbaren Welt, Entdeckung der Mediumität, über Schwierigkeiten, welchen man bei der Ausübung des Spiritismus begegnen kann. Von Allan Kardec. 2. Aufl. 536 S. Preis M. 6.—, geb. M. 8.—.

Stimmen aus dem Reich der Geister. Von Dr. Robert Friese. Mit einer Tafel in Lichtdruck. 4. verb. Auflage. 500 S. Preis: brosch. M. 5. , fein geb. M. 6.—.

Das Leben jenseits des Grabes. Von Dr. Robert Friese. 2. Auflage. Preis: M. 3. —, geb. M. 4.50.

Animalischer Magnetismus und moderner Rationalismus. Eine kulturhistorische Betrachtung. Von F. v. Fellner. Preis: M. 1.20.

Das streitige Land. Von Robert Dale Owen. (2 Theile.)
1. Theil: „Eine kritische und experimentelle Untersuchung über den Beweis des Uebernatürlichen."
2. Theil: „Eine Adresse an die Protestantische Geistlichkeit aller Länder und Confessionen über die Ursachen des Verfalls des Protestantismus."
Preis: M. 12.—, geb. M. 16.—.

Bismarck, Wagner, Rodbertus, drei deutsche Meister. Von Moritz Wirth. Mit einem Anhange: Das moderne Elend und die moderne Uebervölkerung von Max Schippel. 26 Bogen gr. 8°. Preis: M. 4.—, geb. M. 5.—.

Die wissenschaftliche Ansicht des Uebernatürlichen ꝛc. von Alfred Russel Wallace. Preis M. 4.—, geb. M. 5.—.

Eine Vertheidigung des modernen Spiritualismus, seiner Thatsachen und seiner Lehren. Von Alfred Russel Wallace. Preis: M. 2.—, geb. M. 3.—.

Briefe über die Unsterblichkeit der Seele. Preis: brosch. M. 1.50, geb. M. 2.—.

Herrn Prof. Zöllner's Experimente mit dem amerikanischen Medium Herrn Slade und seine Hypothese intelligenter vierdimensionaler Wesen. Von Moritz Wirth. 3. Aufl. Preis: M. 3.—.

Recht und Humanität im Kampfe wider Orthodoxie und Materialismus. 2. Auflage. Preis: M. 1.—.

Beweise für die Existenz einer psychischen Kraft. Von Edward W. Cox, weiland Rechtsgelehrten, Mitgl. d. Kgl. Geogr. Gesellschaft, Präsident der psychol. Ges. zu London. Preis: M. 2.—, geb. M. 3.—.

Zu beziehen durch jede Buchhandlung. Verzeichnisse gratis.

Davis, A. J., „Die Prinzipien der Natur, ihre göttlichen Offenbarungen und eine Stimme an die Menschheit."

> „Jede Theorie, Hypothese, Philosophie, Secte, Glaubenslehre oder Institution, welche die Untersuchung fürchtet, trägt offen ihren Irrthum an der Stirn."

2 Bde. Preis: brosch. M. 16.—, eleg. geb. M. 20.—.

— — **„Der Reformator."** IV. Band der **Großen Harmonie.** Harmonische Philosophie über die physiologischen Laster und Tugenden und die sieben Phasen der Ehe.

> „Vollendete Reinheit des Herzens und Lebens ist das reichste Besitzthum des Menschen, und vollkommener Gehorsam gegen die höchsten Anziehungen der Seele ist das einzige Mittel, in ihren Besitz zu gelangen."

Preis: eleg. geb. M. 10.—.

— — **Unsterblichkeit kein Wahn.** 2. Auflage.
Preis brosch. M. 1.—, geb. M. 1.50.

— — **Himmelsboten auf Erden** und das Leben im Jenseits. Preis: brosch. M. 1.—, geb. M. 1.50.

Magnetismus und Hypnotismus. Von Prof. Dr. Julian Ochorowicz. In autorisierter Uebersetzung aus dem Polnischen von Feilgenhauer.
Preis brosch. M. 3.—, geb. M. 4.—.

Eine Offenbarung des Spiritismus. Nach Selbsterlebnissen berichtet von Ella Haag. Preis 60 Pf.

Geschichte des Spiritismus. Von Caesar Baudi Ritter von Vesme. Einzig autorisierte Uebersetzung aus dem Italienischen und mit Anmerkungen versehen von Feilgenhauer. I. Band: Das Altertum (der II. Band erscheint im Herbst 1898). 37 Bogen gr. 8°.
Preis brosch. M. 10.—, eleg. geb. M. 12.—.

Verlag von Oswald Mutze in Leipzig.

Sämmtliche Werke von L. B. Hellenbach:

Die Vorurtheile der Menschheit. Dritte vermehrte und verbesserte Auflage. 3 Bände. gr. 8⁰. 1048 S. M. 12.—, geb. M. 16.50.

> I. Band: Volkswirthschaftliche Vorurtheile. Politische Vorurtheile. Gesellschaftliche Vorurtheile.
> II. Band: Vorurtheile in Religion und Wissenschaft.
> III. Band: Die Vorurtheile des gemeinen Verstandes.

(Einzelne Bände werden nicht abgegeben.)

Eine Philosophie des gesunden Menschenverstandes. Gedanken über das Wesen der menschlichen Erscheinung. 290 Seiten.
Brosch. M. 4.—, geb. M. 5.50.

Der Individualismus im Lichte der Biologie und Philosophie der Gegenwart. 272 S. Brosch. M. 4.—, geb. M. 5.50.

Geburt und Tod, oder: **Die Doppel=Natur des Menschen.** 325 Seiten. 2. Aufl. Brosch. M. 6.—, geb. M. 8.—.

Die Magie der Zahlen als Grundlage aller Mannigfaltigkeit. 200 Seiten. 2. Auflage. Brosch. M. 4.—, geb. M. 5.50.

Die Insel Mellonta. 3. Aufl. 248 S. (Seitenstück zu Bellamy's „Rückblick auf das Jahr 2000".) Brosch. M. 4.—, geb. M. 5.—.

Der Kampf am Rhein und an der Donau. 40 Seiten.
Preis M. —.50.

Mr. Slade's Aufenthalt in Wien. Ein offener Brief an meine Freunde. 44 Seiten. Vergriffen. Preis M. 1.—.

Die neuesten Kundgebungen einer intelligiblen Welt. 68 Seiten.
Preis M. 1.20.

Ist Hansen ein Schwindler? Eine Studie über den animalischen Magnetismus. 38 Seiten. Preis M. —.50.

Die antisemitische Bewegung. 56 S. gr. 8⁰. Preis M. 1.—.

Hellenbach, der Vorkämpfer für Wahrheit und Menschlichkeit. Skizzen von Dr. Hübbe=Schleiden. Mit Abbildungen. M. 1.80.

Das neunzehnte und zwanzigste Jahrhundert. Kritik der Gegenwart und Ausblicke in die Zukunft. Aus dem handschriftlichen Nachlaß herausgegeben von Dr. Carl du Prel.
Preis: in eleg. Umschlag M. 3.—, geb. M. 4.—

Inhalt: Vorrede des Herausgebers. — I. Die Kriegsbereitschaft und der Krieg. II. Der Socialismus. III. Der Kommunismus. IV. Die socialpolitischen Zustände des zwanzigsten Jahrhunderts. V. Der Glaube des neunzehnten Jahrhunderts. VI. Der Glaube des zwanzigsten Jahrhunderts. 1. Wie gelangen wir zur Erkenntniß der Wahrheit? 2. Lebt in uns eine Seele? 3. Hat diese Seele eine Fortdauer? 4. Kehren wir wieder zurück? 5. Wann und wie oft kehren wir zurück? VII. Schlußwort.

Zu beziehen durch jede Buchhandlung. Verzeichnisse gratis.

Verlag von Oswald Mutze in Leipzig.

„Harald Gert"
oder
Vom Unglauben zum Glauben.
Ein Traumgesicht.
Mitgetheilt von Laudamus.

7½ Bog. gr. 8⁰. In eleg. Umschlag geh. M. 2.—, geb. M. 3.—.

Durch einen merkwürdigen Traum wird hier ein starrer und alles Christenthum verläſternder Materialiſt ins Gegentheil bekehrt. In einer edlen, klaren und beweiskräftigen Rede zwingt ihn ſein Seelen=arzt „Harald Gert" rechtzeitig zur Umkehr, führt ihn wieder in die Arme ſeiner verloren geweſenen Braut und in ein neues glückliches Leben zurück.

Christenthum und Spiritismus
und
Die Gleichartigkeit ihrer Beweiſe.
Von
Leopold von Schwerin.

6½ Bogen gr. 8⁰. In eleg. Umschlag geh. Preis M. 2.—.

Da die Geiſtlichkeit aller Confeſſionen, beunruhigt durch die rapide Zunahme der ſpiritualiſtiſchen Bewegung in allen Ländern, bei jeder Gelegenheit gegen den Spiritismus zu Felde zieht, ihn für gottloſes Teufelswerk hält und behauptet, er ſtehe nicht auf dem Boden der heiligen Schrift, hat es der beleſene und gebildete Verfaſſer unter=nommen, zu beweiſen, wie der Spiritismus ſich mit dem Chriſtenthum und den Lehren der heiligen Schrift vereinbaren läßt. Er bringt un=zählige Nachweiſe aus der Bibel und löſt ſeine vorgeſchriebene Aufgabe in zutreffender Weiſe. Man ſcheut ſich heutzutage nicht mehr, in allen Kreiſen den Spiritismus anzuerkennen und mit großem Intereſſe dieſes Thema zu behandeln. Bei Theologen und gebildeten Leſern wird die Schrift entſchieden eine gute Meinung erwecken.

Zu beziehen durch jede Buchhandlung. Verzeichniſſe gratis.

Lightning Source UK Ltd.
Milton Keynes UK
UKHW010633200521
384056UK00001B/222